Renate Sültz & Uwe H. Sültz

Kreuzfahrt Tagebuch

BoD - Books on Demand

Norderstedt 2019

Bibliografische Information durch die Deutsche Nationalbibliothek

Die Deutsche Nationalbibliothek verzeichnet diese Publikation in der Deutschen Nationalbibliografie; detaillierte bibliografische Daten sind im Internet über http://dnb.dnb.de abrufbar.

© 2019 Renate Sültz & Uwe H. Sültz

Herstellung und Verlag:

BoD – Books on Demand, Norderstedt

ISBN 9-78374-9-43516-6

Dieses Logbuch gehört:
Name:

Adresse:

Telefon/Handy/E-Mail:

Reisebeginn/Reiseende:

Wer reist mit:

Im Falle eines Falles ist zu verständigen:

Vorwort vom Autorenteam Sültz auf Sylt:

In dieses Kreuzfahrt-Logbuch werden während der Reise
alle wichtigen Erlebnisse und Ereignisse eingetragen.

Das können Informationen über das Schiff sein,
über die Qualität des Essens an Board,
über die Reiseroute, über den Seegang, das Wetter,
über Erlebnisse an Land oder auch über neue
Bekanntschaften und deren Kontaktdaten.

Begonnen wird das Tagebuch mit wichtigen Vorbereitungen,
die auf jeden Fall vor der Reise durchzuführen sind,
um ein gutes Gefühl zu haben, dass alles seine Ordnung hat.

Ahoi an Board und alles Gute
wünscht das Autorenteam
Sültz auf Sylt

Urlaubs-Checkliste In- und Außland

Adressanhänger	Ausweiskopien
Adressen	Flug-/Bahntickets
Ausweiskopie	Geld
Batterien / Akkus	Grüne Versicherungskarte
Bindfaden	Hausschlüssel
Dosenöffner	Führerschein
Flaschenöffner	Krankenversicherungs-
Fliegenklatsche	karte
Fotoapparat	Kreditkarte
Gastgeschenk	Notfalltelefonnummern
Kerze	Personalausweis/Reispass
Korkenzieher	Reiseversicherungsschein
Ladegerät	Reservierungen
Lebensmittel und Getränke	Schutzbrief
Müllbeutel / Tüten	Surf-, Tauch-, Segelschein
Nähzeug / Sicherheitsnadeln	TANs (Onlinebanking)
Regenschirm	Visum
Reisebügeleisen	Brille
Schere	Fotoapparat
Schraubenzieher	Reisekrankheit
Schreibzeug / Papier	wichtige Medikamente
Schuhanzieher	
Sonnenbrille	
Streichhölzer / Feuerzeug	
Tagebuch	
Taschenlampe	
Taschenmesser	
Taschenrechner	
Tauchsieder	
Wäscheklammern/-leine	
Wecker	
Toilettenpapier	

Urlaubs-Checkliste In- und Außland

Adresse deutsche Botschaft	Arzt und Zahnarzt besuchen
Int. Führerschein	Haustier versorgen
Traverlerschecks	Wertsachen deponieren/verstecken
Auslandskrankenversicherung	Ausweise noch gültig?
Geld wechseln	Kehrwoche organisieren
Kreditkarte	Wichtige Zahlungen erledigen
Grüne Versicherungskarte	Ausweise scannen/ausdrucken
Reiseführer / Wanderkarte	Wohnungs-/Autoschlüssel hinterlegen
Hotelführer / Campingführer	Blumengießen organisieren
Reisegepäck- / Rücktrittsversicherung	Post abbestellen / Nachbarn
Impfungen	Zeitschaltuhr anschalten
Reservierungsdetails	Rolladen auf und zu organisieren
Kohletabletten	Zeitung um-/abbestellen
Kopfschmerz-Tabletten	Einfuhrbestimmungen für Haustier
Sonnenbrandcreme	Fahrzeug zur Inspektion
Mückenschutz	Handy und Ladegerät
Traubenzucker	Mehrfachstecker
Erkältung/Nasenspray	Prepaidkarte
Pflaster / Schere	Ipod/Ipad
Ersatzbrille	Ladegerät
Pille / Kondome	Laptop und Ladegerät
Wärmflasche	PIN und PUK USB-Stick
Fieberthemometer	Prepaidkarte aufladen
Eigene Medikamente	
Wund-/ Brandsalbe	
Zeckenzange /-schutz	
Impfpass / Blutspenderpass	

Urlaubs-Checkliste In- und Außland

Handcreme	Abendbekleidung
Seife	Jogginganzug
Brillenputztücher	Slips
Kamm	Bademantel
Sonnenmilch	Kleid/Rock
Bürste	Sportbekleidung
Kontaktlinsenpflege	Badesachen
Spiegel	Kleiderbürste
Deo	Strickjacke
Körpercreme / Bodylotion	Schlafanzug/Nachthemd
Tampons/Binden	Lange Hosen
Duftwasser	Strümpfe/Socken
Kosmetiktücher Taschentücher	Strumpfhosen
Duschzeug	Sweatshirt
Wattepads	Gürtel
Ersatzbrille	Mütze
Nagelbürste	T-Shirt
Wattestäbchen	Pullover
Fön	Handtasche
Nagelfeile/Nagelschere	Regenjacke
Zahnbürste/Zahnseide	Rucksack/Tasche
Nagellack/-entferner	Wanderbekleidung/Schuhe
Zahnpasta/Mundwasser	Hemd/Bluse
Parfüm	Schal/Halstuch/Kopftuch
Haarshampoo	Waschlappen
Rasierzeug	Schmuck
	Jacken
	Schuhe/Hausschuhe

Urlaubs-Checkliste In- und Außland

Auto-Kindersitz	Tier-Ausweis
Fieberthermometer	Decke/Körbchen
Flasche	Futter/Leckerlies
Fluortabletten	Halsband/Leine
Geschirr/Besteck	Impfungen
Glässchenayern	Kottüten
Kindersicherung (Steckdose...)	Näpfe
Kinderwagen	Spielzeug
Knuddeltiere	Wasser f. d. Fahrt
Nuckel	
Pflegetücher	Abschleppseil
Pürierstab	Auto-Club-Mitgliedskarte
Rassel	Auto-Schutzbrief
Reisebett	Batterie checken
Schlafanzug	Beleuchtung
Schlafsack	Betriebsanleitung
Schwimmflügel	Eiskratzer
Sonnenhut	Fahrzeugschein
Spielzeug	Feuerlöscher
Sweatshirt	Nuss für Felgenschloss
Töpfchen	Öl, Luft, Wasser
T-Shirts	Parkscheibe
Wickeltasche	Reifen checken, Druck?
Windeln	Reservebirnen
Wundsalbe	Verbandskasten
	Warndreieck
	Warnweste
	zweiter Autoschlüssel

Urlaubs-Checkliste In- und Außland

Eigene Angaben:

Checkliste vor der Fahrt/Flug/Reise

Antennen-Stecker ziehen
Adresse hinterlassen
Schlüssel hinterlegen
Anrufbeantworter?
Auto aus dem Parkverbot
Bücher zurück in Bücherei
Bügeleisen/Herd/Kaffeemaschine aus
Fenster/Türen/Rollläden gesichert?
Haus abschließen
Heizung/Warmwasser aus
Kühlschrank leeren
Licht aus (Zeitschaltuhr?)
Müll raustragen
Stand-Bys ausschalten
Wasser abdrehen

... eigene Angaben:

Meine Erlebnisse:

Datum:

Wetter:

Meine Erlebnisse:
Datum:

Wetter:

Meine Erlebnisse:

Datum:

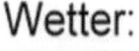Wetter:

Meine Erlebnisse:

Datum:

Wetter:

Meine Erlebnisse:

Datum:

Wetter:

Meine Erlebnisse:

Datum:

Wetter:

Meine Erlebnisse:

Datum:

Wetter:

Meine Erlebnisse:

Datum:

Wetter:

Meine Erlebnisse:

Datum:

Wetter:

Meine Erlebnisse:

Datum:

Wetter:

Meine Erlebnisse:

Datum:

Wetter:

Meine Erlebnisse:

Datum:

Wetter:

Meine Erlebnisse:

Datum:

Wetter:

Meine Erlebnisse:

Datum:

Wetter:

Meine Erlebnisse:

Datum:

Wetter:

Meine Erlebnisse:

Datum:

Wetter:

Meine Erlebnisse:

Datum:

Wetter:

Meine Erlebnisse:
Datum:

Wetter:

Meine Erlebnisse:

Datum:

Wetter:

Meine Erlebnisse:

Datum:

Wetter:

Meine Erlebnisse:

Datum:

Wetter:

Meine Erlebnisse:
Datum:

Wetter:

Meine Erlebnisse:

Datum:

Wetter:

Meine Erlebnisse:

Datum:

Wetter:

Meine Erlebnisse:
Datum:

Wetter:

Meine Erlebnisse:

Datum:

Wetter:

Meine Erlebnisse:
Datum:

Wetter:

Meine Erlebnisse:

Datum:

Wetter:

Meine Erlebnisse:

Datum:

Wetter:

Meine Erlebnisse:

Datum:

Wetter:

Meine Erlebnisse:

Datum:

Wetter:

Meine Erlebnisse:

Datum:

Wetter:

Meine Erlebnisse:

Datum:

Wetter:

Meine Erlebnisse:
Datum:

Wetter:

Meine Erlebnisse:
Datum:

Wetter:

Meine Erlebnisse:

Datum:

Wetter:

Meine Erlebnisse:

Datum:

Wetter:

Meine Erlebnisse:

Datum:

Wetter:

Meine Erlebnisse:
Datum:

Wetter:

Meine Erlebnisse:

Datum:

Wetter:

Meine Erlebnisse:

Datum:

Wetter:

Meine Erlebnisse:

Datum:

Wetter:

Meine Erlebnisse:

Datum:

Wetter:

Meine Erlebnisse:

Datum:

Wetter:

Meine Erlebnisse:
Datum:

Wetter:

Meine Erlebnisse:
Datum:

Wetter:

Meine Erlebnisse:

Datum:

Wetter:

Meine Erlebnisse:

Datum:

Wetter:

Meine Erlebnisse:

Datum:

Wetter:

Meine Erlebnisse:

Datum:

Wetter:

Meine Erlebnisse:

Datum:

Wetter:

Meine Erlebnisse:

Datum:

Wetter:

Meine Erlebnisse:

Datum:

Wetter:

Meine Erlebnisse:

Datum:

Wetter:

Meine Erlebnisse:

Datum:

Wetter:

Meine Erlebnisse:

Datum:

Wetter:

Meine Erlebnisse:

Datum:

Wetter:

Meine Erlebnisse:

Datum:

Wetter:

Meine Erlebnisse:

Datum:

Wetter:

Meine Erlebnisse:

Datum:

Wetter:

Meine Erlebnisse:

Datum:

Wetter:

Meine Erlebnisse:
Datum:

Wetter:

Meine Erlebnisse:

Datum:

Wetter:

Meine Erlebnisse:

Datum:

Wetter:

Meine Erlebnisse:

Datum:

Wetter:

Meine Erlebnisse:

Datum:

Wetter:

Meine Erlebnisse:
Datum:

Wetter:

Meine Erlebnisse:
Datum:

Wetter:

Meine Erlebnisse:
Datum:

Wetter:

Meine Erlebnisse:
Datum:

Wetter:

Meine Erlebnisse:

Datum:

Wetter:

Meine Erlebnisse:

Datum:

Wetter:

Meine Erlebnisse:

Datum:

Wetter:

Meine Erlebnisse:

Datum:

Wetter:

Meine Erlebnisse:

Datum:

Wetter:

Meine Erlebnisse:

Datum:

Wetter:

Meine Erlebnisse:

Datum:

Wetter: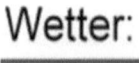

Meine Erlebnisse:

Datum:

Wetter:

Meine Erlebnisse:

Datum:

Wetter:

Meine Erlebnisse:

Datum:

Wetter:

Meine Erlebnisse:

Datum:

Wetter:

Meine Erlebnisse:
Datum:

Wetter:

Meine Erlebnisse:

Datum:

Wetter:

Meine Erlebnisse:

Datum:

Wetter:

Meine Erlebnisse:

Datum:

Wetter:

Meine Erlebnisse:

Datum:

Wetter:

Meine Erlebnisse:

Datum:

Wetter:

Meine Erlebnisse:

Datum:

Wetter:

Meine Erlebnisse:

Datum:

Wetter:

Meine Erlebnisse:

Datum:

Wetter:

Meine Erlebnisse:

Datum:

Wetter:

Meine Erlebnisse:

Datum:

Wetter:

Meine Erlebnisse:

Datum:

Wetter:

Meine Erlebnisse:

Datum:

Wetter:

Meine Erlebnisse:

Datum:

Wetter:

Meine Erlebnisse:

Datum:

Wetter:

Meine Erlebnisse:

Datum:

Wetter: